Publicado por Liberum Vox Books Ltd

Proyecto y realización: Liberum Vox Books
Texto e ilustraciones: Judit Franch

© 2015 para la edición en español Liberum Vox Books ltd
www.liberumvoxbooks.com

Primera edición
ISBN: 978-1-910650-03-5

Todos los derechos reservados. Ninguna parte de esta publicación puede ser reproducida, almacenada o transmitida de ninguna forma y por ningún medio, sin autorización previa del editor.

Mamá y Papá sueñan con un Bichito de Luz

Judit Franch

*Para todos los
Bichitos de Luz
que iluminan
los corazones de
Mamá y Papá*

Desde aquel día en que al verse sus corazones dieron un salto y se enamoraron,

Soñaron...
con compartir
muuuchas cosas...

que poco a poco se fueron convirtiendo en realidad.

Y una noche...
Mamá tuvo un sueño.
Y papá también tuvo un sueño...

Por la mañana mamá se despertó muy contenta y le dijo a papá:
—¿A que no adivinas con qué he soñado?
Y papá le respondió:
—Con un Bichito de Luz que quiere ser bebé.
—¡Tuvimos el mismo sueño!

–dijo mamá riendo de alegría.
_Parece que ha llegado la hora de que nos convirtamos en mamá y papá –agregó papá con una gran sonrisa de felicidad.

Y es así que
mamá y papá
empezaron
todas las noches
a hacerse
los mimitos
especiales que
hacen que los
Bichitos de Luz
se conviertan
en bebés.

Pero las noches pasaban y pasaban...

Pasaron todas
las noches de un mes,
dos meses, tres meses...

Y terminó el invierno.

Llegó la primavera y le
salieron hojitas a los árboles...

Pasaron todas las noches de primavera...

Llegó el verano... –mamá y papá se
bañaron en el mar y en la piscina–.

Pasaron todas las noches del verano.

Pero el Bichito de Luz seguía
sin convertirse en un bebé
en la barriga de mamá.

Y así también pasó el otoño, con los árboles perdiendo sus hojas...

Hasta que llegó de nuevo el invierno.

Mamá y papá estaban preocupados porque no entendían qué estaba sucediendo…

Entonces decidieron ir al médico.

Éste les dijo que no se preocuparan.

> Para que un Bichito de Luz se instale en la barriga de una mamá se necesita tiempo y muuucha paciencia.

Entonces les explicó que para hacer un bebé hay que juntar dos partes: una que se llama óvulo (lo tienen las mujeres) y la otra se llama espermatozoide (lo tienen los hombres).

Y a veces pasa que, aunque mamá y papá se quieran hasta el infinito, los mimitos especiales no funcionan y el óvulo y el espermatozoide no se quieren juntar.

Y agregó que no había de qué preocuparse porque hay muchas maneras para hacer que el Bichito de Luz se instale en la barriga de mamá. También les contó que si fuese necesario está el Banco de donantes de óvulos y espermatozoides donde encontrarían los adecuados para este Bichito de Luz tan insistente.

Mamá y papá miraron asombrados al médico por todo lo que sabía y al mismo tiempo preguntaron:

Pero... ¿cómo se hace para averiguar todo eso?

Con unas gotitas de sangre y otros estudios podemos investigar todo esto y mucho más...

1, 2, 3 días... una semana...
y el teléfono no sonaba...
8, 9, 10 días... dos semanas y...

Era el doctor que les avisaba a mamá y a papá que tenía el resultado de los análisis. En los análisis decía que la barriguita de mamá estaba en perfecto estado para alojar al Bichito de Luz. Pero que los óvulos de mamá y los espermatozoides de papá eran tan despistados que no había modo de que pudiesen llegar a unirse. Sin embargo, en el Banco de semen y de óvulos había unos especiales para ellos.

Los corazones de mamá y de papá dieron un brinco de alegría.

¡Ring! ¡Ring!

Entonces mamá y papá fueron de nuevo a visitar al doctor.
Éste les explicó que hay varios métodos para que se unan el óvulo con el espermatozoide.
A esto lo llamamos fecundación.

De esta unión se forma un cigoto que se alojaría en la barriga de mamá y allí crecería durante nueve largos meses...

¡Hasta que nace un bebé!

¿Y qué le pasó al Bichito de Luz?

Pues...

Fin

www.ingramcontent.com/pod-product-compliance
Lightning Source LLC
Chambersburg PA
CBHW042315280426
43661CB00102B/1278